AF363815

NOTICE EXPLICATIVE

SUR L'USAGE DU

DAGUERRÉOTYPE GAUDIN

POUR OBTENIR DES

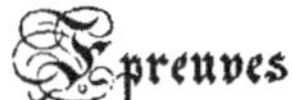 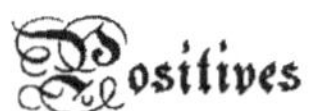 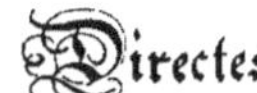

SUR

COLLODION.

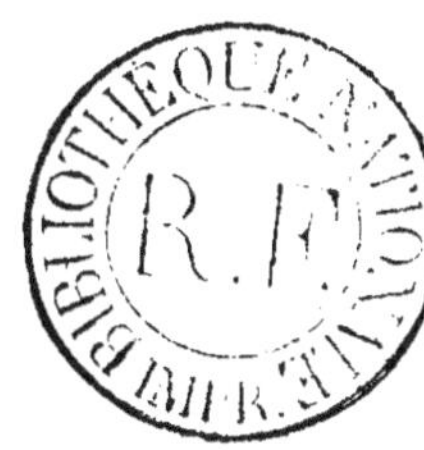

LE DÉPOT GÉNÉRAL

EST ÉTABLI

5, RUE GEOFFROY-MARIE, A L'ENTRESOL,

Faubourg Montmartre, à Paris.

1852

NOTICE EXPLICATIVE

DAGUERRÉOTYPE GAUDIN.

Le nouveau Daguerréotype usuel qui porte mon nom est destiné principalement à faire avec le collodion des épreuves positives directes, qui fourniront pour les gens du monde un passe-temps très-agréable.

Cet appareil a été simplifié autant que possible pour en rendre le prix très-minime.

Cet appareil peut servir avec des plaques métalliques et des verres albuminés, aussi bien qu'avec le collodion ; mais la sensibilité incomparable et le facile emploi de ce dernier agent, qui donne aussi des épreuves supérieures sous tous les rapports, me semblent désigner le collodion comme préférable à tout.

Le corps de l'appareil s'allonge et se raccourcit à volonté ; et si l'on consulte l'index fixé sur la bande dorée, on pourra, à l'avance, mettre l'appareil au point pour la distance que l'on voudra observer. Les distances ainsi marquées sont la vue ou distance infinie, indiquée par un V, et les distances de 1 mètre et 2 mètres ; les distances intermédiaires entre 2 mètres et la vue se trouveront par aperçu. D'ailleurs, dans tous les cas, on pourra faire usage du verre dépoli, et laisser le support en place pour marquer la position à donner à l'appareil après qu'on y aura introduit la plaque.

Les objectifs à court foyer du genre de celui qui garnit mes appareils donnent des résultats sensiblement identiques, sans que la position de la plaque diffère de plus de 1 ou 2 millimètres de sa position déterminée avec précision. Une différence même notable dans les distances se rapportant aux repères fixés d'avance, ne nuit pas sensiblement à la netteté, ce qui ne saurait être avec des appareils à double verre, qui exigent une précision mathématique dans la mise au point, et tout cela pour ne donner de la netteté que dans un même plan, et souvent pas de netteté pour ce même plan, si le foyer chimique ne coïncide pas avec le foyer optique.

Les filets d'or ont été collés d'une extrémité à l'autre pour faciliter la visée de l'appareil et la mise de la plaque dans une position verticale.

La plaque est tenue en place par le renflement de l'obturateur.

Les épreuves sont produites par l'action de la lumière sur une plaque de verre revêtue d'une couche de collodion.

Le collodion forme une pellicule qui, mise au contact du nitrate d'argent, se pénètre d'iodure d'argent dans un état de division extrême, et l'imprègne en même temps de nitrate d'argent.

L'iodure d'argent à l'état naissant, imprégné de nitrate d'argent, est en effet le composé le plus sensible à la lumière qui soit connu. Cet iodure d'argent se forme ainsi au moyen de l'iodure de zinc qui a été introduit dans le collodion.

Après la radiation lumineuse, la plaque est soumise pendant 15 secondes (un quart de minute) au plus à l'action du sulfate de fer. Par ce moyen, toutes les parties impressionnées par la lumière deviennent autant de centres de décomposition, où l'argent métallique se dépose sous forme de poussière grise plus ou moins claire par reflet, et plus ou moins noire par transparence. Partout ailleurs, la pellicule d'iodure d'argent est demeurée intacte, et peut être enlevée facilement par un lavage à l'hyposulfite de soude.

La pellicule du collodion, ainsi débarrassée de l'iodure d'argent qui la rendait opaque, devient transparente partout où la lumière n'a pas porté, et, par conséquent, si l'on place un corps très-noir derrière, l'image paraît positive; elle paraît négative, si l'on place un corps blanc.

Ces images ont exactement l'aspect et la finesse des épreuves sur doublé d'argent, et, de plus, présentent le grand avantage de se trouver redressées en les regardant à travers le verre, ce qui s'accorde très-bien avec les exigences de l'encadrement. La plaque tient lieu du verre du passe-partout.

OPÉRATION.

Pour opérer avec succès, il faudra nettoyer tous les

verres avec le plus grand soin. Pour y réussir, on les lavera d'abord à l'eau pure ; puis, on les asséchera avec un
linge blanc de lessive. Les plaques étant bien sèches, on
les frottera de nouveau avec un autre linge très-propre,
qui ne servira qu'à cet usage, en soufflant de temps en
temps sur la plaque pour y condenser un peu d'humidité,
car la moindre trace d'un corps étranger se trahirait par
des stries qui voileraient les noirs de l'épreuve.

Avant de couvrir une plaque de collodion , on passera
encore le linge sur la face qui doit recevoir le collodion,
et saisissant la plaque entre le pouce et l'index de la main
gauche, on versera du collodion au milieu de l'angle
supérieur, du côté du flacon, en inclinant aussitôt la
plaque pour ramener le collodion vers l'index ; puis de
bas en haut, pour verser l'excédant par l'angle inférieur,
du côté du flacon. A ce moment, on imprimera à la plaque plusieurs balancements successifs, se croisant à angle droit, qui donneront au collodion une surface unie.

Dès que le collodion excédant sera écoulé, on pourra
passer la plaque au nitrate d'argent.

Tous les liquides qui accompagnent l'appareil, destinés à former les bains, seront versés dans des assiettes.
Le nitrate d'argent, qui est au dixième, pourra être
étendu d'eau jusqu'à en contenir quatre fois son volume.
La manière la plus simple d'y appliquer la plaque est de
la tenir entre le pouce et le médius, le collodion en dessous, presque horizontalement, de sorte qu'au premier
contact d'un bord de la plaque , le liquide viendra
mouiller rapidement toute la plaque avec une continuité
parfaite. Au bout de quelques secondes, on élèvera la
plaque au-dessus du bain, en la tenant inclinée pour fa-

ciliter le décollement du liquide. On répètera cette manœuvre cinq ou six fois, à quelques secondes d'intervalle, jusqu'à ce que l'on s'aperçoive que la plaque se trouve couverte d'une nappe de liquide sans aucune veine isolée. L'addition d'une petite quantité d'alcool dans le bain d'argent facilite beaucoup ce résultat.

Dès que la plaque est sortie du bain, on peut l'adapter à l'appareil. Pour cela, il faut avoir soin de l'appliquer sur le cercle en bois à angle droit avec la ligne de repère supérieure que porte l'appareil, en se réglant sur les lignes tracées exprès, afin que l'image ne se trouve pas placée de travers sur la plaque. Il faudra veiller aussi à ce que les deux angles inférieurs se trouvent appuyés sur le rebord intérieur du cercle en bois. La plaque étant posée, on la couvrira par l'obturateur en pressant celui-ci jusqu'au contact de la partie bombée avec la plaque.

On trouvera peut-être difficile d'opérer sans déterminer la pose de l'appareil et son point avec le verre dépoli ; mais on pourra très-bien, si on le préfère, faire usage chaque fois de ce verre, et, après avoir laissé le support en place, emporter l'appareil pour y introduire la plaque sensibilisée à l'avance, puis revenir aussitôt placer l'appareil sur son support.

Le moyen d'employer l'appareil sans regarder au verre dépoli, consiste, après l'avoir mis sur le point, à placer l'œil dans la direction et le plan de la bande dorée ; cette visée indiquera très-sensiblement le centre du tableau ; on devra, par conséquent, le pointer au centre de la vue, du groupe ou du portrait. Il n'y aura de la difficulté que pour un portrait à 1 mètre qui doit montrer la tête au-dessus du centre, assez près de ce centre pour avoir de la netteté et laisser un espace libre au-dessus de la tête pour lui donner de l'air ; dans ce cas, on pointera la bande dorée à hauteur du col ; à 2 mètres et plus, pour les groupes, à hauteur de la ceinture.

Les portraits se prendront avec la grande ouverture, qui pourra être diminuée à volonté, en pratiquant une ouverture circulaire moindre dans une carte collée en dedans de l'obturateur ; les portraits ainsi obtenus auront plus de netteté. Pour faire usage de la pièce en cuivre, il se présentera deux cas, suivant qu'on voudra prendre des vues instantanées au soleil ou des portraits à l'ombre et des vues d'une grande netteté avec ou sans soleil.

Pour les vues instantanées, positives directes, qui pourront souvent réussir en moins d'un vingt-cinquième de seconde, l'obturateur en carton sera tourné de manière à placer la pièce en cuivre dans une position verticale, de sorte qu'en abandonnant la partie glissant à frottement à son propre poids, à un moment donné, l'impression ne durera que le court espace de temps pendant lequel le diaphragme sera découvert par le passage rapide de l'entaille rectangulaire de la plaque à coulisse.

Pour les portraits à l'ombre et les vues d'une grande netteté, la pièce en cuivre sera établie horizontalement, et, au moyen de la ligne de repère, avant le lever du rideau, on fixera la plaque glissante dans la position convenable.

Pour les portraits à l'ombre comme pour les vues avec

la petite ouverture, il sera utile de faire usage du rideau ; il servira, pour les portraits, à masquer la lumière ambiante qui vient d'en haut, et, s'introduisant dans l'appareil, rend l'image confuse. On ne lèvera jamais entièrement le rideau pour ces portraits ; il suffira de l'amener à la ligne horizontale, et, quand la tête sera supposée rendue, on la masquera avec le rideau, qui sera peu à peu abaissé de plus en plus pour prolonger l'action des parties basses, qui sont toujours bien moins marquées que les parties avoisinant le centre, par plusieurs raisons.

L'emploi du rideau sera aussi indispensable pour les vues avec la petite ou la grande ouverture (hors le cas d'instantanéité), par la raison qu'on ne pourrait jamais obtenir un ciel, couvert ou non, présentant la perspective aérienne, sans diminuer considérablement la durée d'action du ciel relativement à celle des parties basses. Pour obtenir un ciel modelé, il faudra le tenir démasqué six fois moins de temps que les objets terrestres rapprochés, et le ciel lui-même, après avoir complétement levé le rideau, devra être peu à peu masqué pour donner plus de vigueur vers le zénith que vers l'horizon, ce qui est la condition fondamentale de son modèle.

Par exemple, si l'on veut faire une vue avec la petite ouverture de 2 millimètres, on amènera cette ouverture à sa position centrale en faisant coïncider son repère ; puis, après avoir abaissé le rideau, on viendra pointer l'appareil. Si la vue est éclairée en plein soleil, il faudra 25 secondes pour une épreuve positive directe, et 2 ou 3 minutes pour une négative. Le moment d'impressionner étant venu, on commencera par élever complétement le rideau pour l'abaisser au bout des 2 secondes peu à peu, jusqu'à faire arriver sa partie inférieure dans la ligne de jonction de l'objectif avec l'horizon ou la partie supérieure des monuments ; ce moment d'abaissement durant 2 secondes, au bout de 4 secondes tout le ciel se trouvera masqué, et pendant les 20 secondes restantes on tiendra le rideau dans le voisinage de cette limite, en l'élevant et l'abaissant de temps en temps pour fondre la jonction ; après 15 secondes d'exposition, on abaissera de nouveau le rideau jusqu'au pavé, s'il est dans l'ombre ; si au contraire il était en pleine lumière, il faudrait le masquer, lui aussi, avant de finir. On agira de même pour une vue négative, en faisant durer les phases proportionnellement à la durée totale.

L'expression lumineuse étant jugée suffisante, on emportera l'appareil dans l'atelier obscur, éclairé de loin par une bougie où l'on a déjà soumis la plaque au bain de nitrate d'argent, et on passera alors la plaque dans un bain de sulfate de fer, qui sera formé avec le liquide du flacon qui porte ce nom ; il aura suffi d'étendre ce liquide de 8 à 10 parties d'eau ordinaire.

En présentant la plaque au sulfate de fer, comme je l'ai déjà indiqué pour le nitrate d'argent, elle sera régulièrement mouillée par ce liquide sans chance d'inégalité ; au bout de 2 ou 3 secondes, on verra l'image apparaître, et après 15 secondes d'immersion, le développement sera complet.

On lavera alors la plaque, soit en la plaçant d'abord dans une assiette pleine d'eau pure, pour la rincer ensuite sous un mince filet d'eau tombant de très-près, ou bien on la rincera par le seul secours de ce filet d'eau.

Mais il ne faut pas se presser, et attendre que l'eau ait entraîné complétement le sel de fer ; sans cela le lavage au cyanure de potassium y formerait de larges taches. L'hyposulfite ne présente pas le même inconvénient; on lui donnera la préférence, bien que le cyanure de potassium, débarrassé de potasse caustique, donne généralement des blancs plus intenses.

La plaque étant bien rincée, on la placera, le collodion en dessus, dans une assiette où l'on aura versé de l'hyposulfite : celui des flacons est concentré ; on pourra, pour l'usage, y ajouter 5 ou 6 fois son volume d'eau.

L'hyposulfite neuf dévore généralement les épreuves ; à force de servir, il devient moins corrosif: il ne faudra donc jamais jeter l'hyposulfite ancien ; on se bornera à en ajouter du nouveau, au besoin, et à le filtrer quand il sera sali par des dépôts.

Le lavage sera terminé quand on verra distinctement à travers la couche de collodion qui était jaune auparavant ; à ce moment et sans tarder, on rincera la plaque, puis on la posera doucement dans une assiette pleine d'eau pure.

Si l'on se contentait d'un simple lavage, il resterait certainement de l'hyposulfite dans le collodion, et en séchant il en résulterait des arborisations formées de cristaux déliés qui gâteraient l'épreuve, sans qu'il fût possible d'y remédier.

Après avoir été rincée de nouveau, la plaque sera mise à égoutter en l'appuyant sur une feuille de papier, et sur un angle, autant que possible ; et quand elle sera bien sèche, on la vernira à l'eau de gomme, que l'on y versera comme le collodion.

Aussitôt enduite de gomme, la plaque sera mise à plat, à l'abri de la poussière, pour sécher lentement.

Pour éviter de voiler les noirs, il sera presque toujours nécessaire d'ajouter au bain d'argent quelques gouttes d'acide acétique ; cependant il ne faudra faire cette addition que quand on aura reconnu ce défaut. Quoique le collodion récemment préparé soit alcalin et nécessite de l'acide acétique, il pourra arriver qu'il devienne acide avec le temps.

Si le collodion donnait une couche d'iodure trop faible, on y remédierait en y ajoutant l'iodure de zinc dissous dans l'esprit de vin, qui fait partie de la pharmacie.

Le support de l'appareil est garni de trois pointes pour lui donner plus de stabilité ; on placera toujours le rebord garni de deux pointes du côté de l'objectif, pour pouvoir incliner à volonté ce support avec une pièce calante.

Les images obtenues avec cet appareil sont si délicates, que le papier se trouvera bien grossier pour reproduire des positifs avec les négatifs obtenus ; c'est pourquoi je me borne à indiquer rapidement comment on pourra préparer du papier positif.

On coupera du papier fin, mais un peu plus fort, en petits carrés de 15 centimètres de côté, qui seront imbibés d'eau salée filtrée ; ces feuilles, débarrassées de leur excédant de liquide, seront appliquées à plat sur du nitrate d'argent contenant 25 parties de sel pour 100 d'eau, et après 5 ou 6 minutes de bain, ces feuilles seront enlevées et mises à sécher en marquant le côté du nitrate; elles seront séchées dans une pièce à l'abri de la lumière, pendues par un angle.

Pour en tirer des positifs, on placera un fragment de ce papier sur la couche gommée, et par-dessus le papier positif une pièce de drap ou autre étoffe moelleuse, puis on retournera le tout pour l'exposer à la lumière directe du soleil ou à la lumière diffuse du ciel, en laissant dépasser le papier positif, qui indiquera par sa nuance le moment où l'épreuve sera bonne à fixer.

On fixera ces épreuves en les lavant d'abord à grande eau, pour enlever le nitrate d'argent libre, puis en les laissant séjourner dans l'hyposulfite, qui sert à fixer les épreuves positives directes. On terminera par un nouveau lavage en pleine eau, c'est-à-dire en laissant baigner l'épreuve dans plusieurs eaux successives.

Les épreuves positives directes à l'acide pyrogallique et au sublimé-corrosif présentent des blancs très-intenses ; mais les noirs sont presque toujours voilés, et, en définitive, il est bien plus difficile d'obtenir par ce procédé des épreuves complètes.

L'avantage des épreuves positives directes sur collodion est très-grand pour la production des portraits, par l'extrême promptitude de la formation des images. En plein air, avec la grande ouverture, il ne faudra qu'une demi-seconde pour obtenir des groupes, et 2 secondes dans un appartement en face d'une fenêtre.

Ces images sont d'un grand fini, et exigent pour être parfaites de grands soins dans le nettoyage des verres et la mise au bain.

Les plaques ne doivent être exposées au jour que du moment où elles sont immergées dans l'hyposulfite de soude. Au sortir du sulfate de fer on peut cependant les regarder au grand jour, pourvu qu'on renonce à faire succéder au sulfate de fer le passage au nitrate d'argent, acide succédé lui-même par un nouveau passage au sulfate de fer. Ce procédé accroît certainement l'intensité des noirs pour épreuves négatives ; mais il est difficile de le pratiquer sans voiler plus ou moins les noirs des épreuves positives directes.

Le contact des doigts avec le nitrate d'argent les noircit. On fait disparaître ces taches en frottant les parties noircies avec de l'hyposulfite de soude, mêlé de cristaux d'iode : l'argent réduit se transforme en iodure, qui se dissout. En laissant ces taches s'invétérer, il devient fort difficile de les faire disparaître.

ENCADREMENT.

Il n'existe pas encore de passe-partout pour l'encadrement des épreuves positives directes sur collodion, à cause de leur nouveauté ; c'est pourquoi on sera forcé d'imaginer des moyens d'y suppléer dans les localités éloignées des grandes villes.

Le point important, après avoir verni l'épreuve, est de placer derrière un corps du plus beau noir, tel que du drap ou du velours. Le papier noir mat pourrait servir aussi ; mais celui qui est gommé, et par conséquent luisant, produit un très-mauvais effet.

C'est au moment de l'encadrement qu'on reconnaît la nécessité de placer la plaque de verre bien droite. Pour faciliter ce placement, tous les appareils portent, sur l'anneau en bois, une ligne perpendiculaire au plan passant par la bande de visée et la verticale, de sorte qu'en plaçant l'un des côtés de la plaque parallèlement à cette ligne et la bande de visée toujours en dessus, on aura toute la chance possible pour avoir son épreuve droite ; sans cela, il faudrait faire couper ses verres par un vitrier avant de les encadrer.

Cela ne serait pas, il est vrai, un si grand mal ; dans les plus petites localités, les vitriers sauront très-bien encadrer ces épreuves, c'est leur partie, et il suffira de leur donner les indications, qui sont de placer derrière un corps absolument noir et de limiter l'épreuve par devant par un papier découpé de couleur convenable, avec une bordure à son goût.

M. A. GAUDIN,
Calculateur du Bureau des Longitudes.

NOTE ESSENTIELLE.

Il n'est pas facile de savoir quand le collodion est susceptible de voiler ou de ne pas voiler les épreuves, parce que les noirs peuvent être voilés par plusieurs causes accidentelles ; mais il y a un moyen de mettre en relief ce défaut, pour peu qu'il provienne du collodion.

Il consiste à couvrir une plaque de collodion, la sensibiliser au nitrate d'argent et la plonger à demi dans le sulfate de fer, en opérant le plus possible à l'abri de la lumière, puis à examiner la plaque au grand jour. Si les deux moitiés de la plaque sont exactement de même nuance, c'est un signe certain que les noirs ne seront pas voilés hors l'accès de la lumière ; si , au contraire , la plaque se trouve divisée en deux bandes de nuance distincte , ce sera la preuve que le collodion est trop ammoniacal ou le bain d'argent pas assez acide , ce qui revient au même , et il faudra ajouter quelques gouttes d'acide acétique au bain de nitrate d'argent.

Le collodion peut devenir acide à l'excès ; on le reconnaîtra à la lenteur, ou pour mieux dire à l'absence totale des épreuves ; l'addition de l'ammoniaque, goutte à goutte, dans le collodion, pourra seule parer à ce défaut.

On veillera à ce que les bains d'argent et de sulfate de fer aient leur surface bien nette ; il s'y forme souvent des pellicules d'argent réduit ou d'autre nature, qui, en s'attachant aux plaques , dénaturent complétement les épreuves positives directes. Il faut toujours poser sur le bord des assiettes une bande de papier qui sert à enlever ces pellicules en l'appliquant sur le bain à plusieurs reprises.

Si l'on ajoute au bain d'argent quelques gouttes d'iodure de zinc alcoolisé , il se formera un précipité d'iodure d'argent qui sera dissous , en grande partie, par l'agitation ou la chaleur. Cet iodure dissous est très-favorable à la rapidité du collodion et empêche le bain de ronger la couche sensible.

En présentant une petite glace obliquement derrière le verre dépoli, on redressera les images.

Cette disposition permettra d'étudier les propriétés de

la chambre obscure et de jouir des beautés qu'elle déploie toujours.

Pour tenir la pièce à coulisse en place au moment de prendre une épreuve instantanée, il sera très-commode de passer une épingle par la petite ouverture, la tête par derrière ; par ce moyen, en dégageant doucement l'épingle, au moment décisif, la pièce tombera sans avoir reçu la moindre secousse.

RÉSUMÉ.

Pour faire un portrait ou une vue, on place l'appareil sur le support ; on regarde, avec le verre dépoli, si le tirage (semblable à celui d'une lorgnette) doit être allongé ou raccourci. Les indications tracées sur le petit filet d'or sont 1 mètre, 2 mètres et la vue ; on pointera la bande dorée à la hauteur du col pour obtenir des portraits, et à la hauteur de la ceinture s'il s'agit de groupes ; on retire le verre dépoli, on enlève l'appareil pour le remettre sur le support lorsque la plaque est préparée, préparation qui doit se faire dans un lieu obscur.

Les portraits se prennent avec la grande ouverture ; la pièce en cuivre est pour prendre des vues instantanément au soleil, ou des portraits à l'ombre et des vues d'une grande netteté. L'appareil étant en face de l'objet à reproduire, on soulève la coulisse en cuivre et on la laisse retomber.

Pour les portraits à l'ombre ou les vues avec la petite ouverture, on se servira du rideau noir, que l'on soulèvera horizontalement pour l'abaisser progressivement, puis fermer tout passage à la lumière lorsque l'on jugera que l'image doit être produite.

On nettoie les verres avec le plus grand soin ; on prend la plaque entre le pouce et l'index de la main gauche ; on verse le collodion au milieu de l'angle supérieur ; on le fait courir sur toute la plaque afin qu'il soit bien également étendu.

Tous les liquides destinés à former des bains seront versés dans des assiettes.

Le nitrate d'argent doit être étendu de quatre fois son volume d'eau.

On prend la plaque entre l'index et le médius, le collodion en dessous, presque horizontalement, afin qu'au premier contact de la plaque avec le liquide elle soit mouillée rapidement avec une continuité parfaite. Au bout de quelques secondes, on élève la plaque au-dessus du bain en la tenant inclinée ; on recommence cinq ou six fois cette manœuvre à quelques secondes d'intervalle.

La plaque sortie du bain de nitrate d'argent, on l'adapte à l'appareil sur le cercle en bois, en appuyant ses deux angles inférieurs sur le bord intérieur ; on ferme avec le couvercle courbé, dit *obturateur*, et l'on replace l'appareil sur son appui ; on donne passage à la lumière en soulevant le drap. Après avoir établi l'ouverture convenable, et après l'impression lumineuse, on reporte l'appareil dans un endroit obscur éclairé par une bougie, on passe la plaque dans le bain de sulfate de fer, dans lequel on aura ajouté huit à dix parties d'eau ordinaire.

On procédera pour cette nouvelle immersion comme on l'a indiqué plus haut pour le nitrate d'argent.

On retire la plaque du bain au bout de 15 secondes (1/4 de minute).

On lave alors la plaque en la plongeant dans une assiette pleine d'eau ordinaire.

Cette opération faite, on mettra la plaque, le collodion en dessus, dans une assiette où l'on aura versé l'hyposulfite dans lequel on aura ajouté cinq ou six fois son volume d'eau.

On rincera de nouveau la plaque dans une assiette d'eau pure.

On met la plaque égoutter en l'appuyant sur un angle et sur une feuille de papier. Lorsqu'elle sera bien sèche, on la vernira en opérant comme on l'a fait pour étendre le collodion.

Dans toutes ces opérations, il faut éviter la poussière.

Il est indispensable, pour bien opérer, de lire plusieurs fois et avec beaucoup de soin la présente Notice dans tout son contenu, et surtout en opérant.

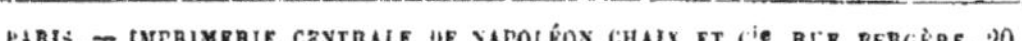

PARIS. — IMPRIMERIE CENTRALE DE NAPOLÉON CHAIX ET Cie RUE BERGÈRE, 20